LA
LÉGISLATION DIRECTE

PAR LE PEUPLE

OU

LA VÉRITABLE DÉMOCRATIE

PAR M. RITTINGHAUSEN

Prix : 25 centimes.

PARIS

A LA LIBRAIRIE PHALANSTÉRIENNE

DÉCEMBRE 1850.

LA LÉGISLATION DIRECTE

PAR LE PEUPLE.

PARIS. — IMPRIMERIE DE E. DUVERGER,
RUE DE VERNEUIL, 6.

LA
LÉGISLATION DIRECTE

PAR LE PEUPLE

OU

LA VÉRITABLE DÉMOCRATIE

PAR M. RITTINGHAUSEN

PARIS

A LA LIBRAIRIE PHALANSTÉRIENNE

1851

PRÉFACE DES ÉDITEURS.

Le présent opuscule a été publié en trois articles dans la *Démocratie pacifique*. L'idée mère, qui en fait l'objet, est évidemment dans la ligne du principe radical de la Liberté individuelle et de la Souveraineté populaire. Pour tous ceux qui ne s'en tiennent pas aux préoccupations des nécessités plus ou moins démontrées, de ce qu'on est convenu d'appeler *la Pratique* dans nos sociétés imparfaites et vicieuses, le principe même de la législation directe par le peuple ne peut pas faire l'objet d'une discussion.

Il est clair que Liberté et Souveraineté populaire ne seront que de vains mots tant que le Peuple pourra être enchaîné par des lois émanées d'un pouvoir extérieur à lui, de quelque source d'ailleurs que ce pouvoir procède, droit divin, élection censitaire ou suffrage universel.

Le principe une fois admis, la question d'exécution reste tout entière, et sur ce terrain le nombre est encore grand de ceux qui, tout en confessant la justice, se retranchent derrière les *impossibilités* pour ne pas sortir de l'ornière des iniquités. Quant à nous qui basons sur notre ferme croyance en Dieu cette maxime absolue : *tout ce qui est juste est nécessaire, et par conséquent possible*, nous ne nous laisserons jamais arrêter par une fin de non-recevoir de cette espèce. D'ailleurs, l'histoire de toutes les sciences, de tous les arts est là pour constater que l'*impossibilité* n'a jamais été un obstacle pour le génie humain tant qu'il ne s'agit pas de sortir des lois naturelles. Or ici il s'agit, au contraire, de la réalisation d'un principe incontestable, nous dirions même indiscutable, quand on se place, armé de sa raison, en face des faits éternels et au-dessus des faits contingents. Nous ne pouvions donc pas hésiter à accueillir l'idée juste qui nous était offerte, sauf plus tard à tenir compte de l'état des éléments sociaux pour juger dans quelle mesure il convenait d'appliquer cette idée aux sociétés actuelles en général, et à la société française en particulier.

Toutes les réflexions que nous avons faites dans ce sens depuis que l'idée est produite nous conduisent à penser que non-seulement son application est possible, mais qu'elle est *d'absolue nécessité*, si l'on veut fermer enfin d'une manière définitive l'ère des révolutions violentes; car il y aura des révolutions tant que des usurpations se produiront, et la *législation directe par le Peuple*, c'est-à-dire la souveraineté réelle du Peuple universel mise en action, aura seule puissance de rendre les usurpations impossibles.

Nous sommes pleinement confirmés dans cette manière de voir par le remarquable travail de notre ami Considerant, dont une grande partie a déjà été publiée dans la *Démocratie pacifique*, et qui, nous le savons, a déjà dissipé les doutes et les hésitations d'un grand nombre de démocrates.

Au surplus, la question est aujourd'hui nettement posée devant tous. Elle est digne de la discussion la plus approfondie, et Dieu veuille qu'elle soit complètement élucidée avant que de nouvelles crises gouvernementales viennent à se produire.

En terminant cette courte préface, nous reproduirons les deux épigraphes dont nous avons fait précéder le travail de M. Rittinghausen :

« La souveraineté ne peut être représentée par la même raison qu'elle ne peut être aliénée. Les députés du peuple ne peuvent être que ses commissaires. Toute loi que le peuple en personne n'a pas ratifiée est nulle. »

J.-J. ROUSSEAU.

« Si vous voulez soustraire le grand nombre à l'oppression du petit nombre, cherchez l'art de *corporer* le grand nombre et de lui donner une *puissance active* qui ne soit *jamais déléguée*. »

FOURIER.

Allyre Bureau. — Décembre 1850.

LA

LÉGISLATION DIRECTE

PAR LE PEUPLE

———

I

La révolution européenne, comme fait, a succombé. Dans tous les pays où elle avait éclaté, la réaction règne par la prison, le sabre et l'exil. Et pourtant jamais révolution n'avait été plus universellement acclamée; jamais les masses n'avaient montré autant de dévouement, autant de zèle! Les forces immenses que la démocratie a mises en ligne dans tous les pays ont été partout vaincues; partout les démocrates sont poursuivis, traqués, et bientôt ils ne trouveront plus en Europe un coin où ils puissent réfléchir tranquillement sur la cause de tant de malheurs, de tant de déceptions. C'est en effet un spectacle digne de réflexion que cette défaite infligée à la partie vivace des nations par la partie mourante, à l'armée de l'avenir par la légion du passé, à l'esprit invincible du progrès par l'obstination de la routine et de l'immobilité.

De pareils résultats ne peuvent pas provenir de petites causes. En vain les démocrates s'accusent-ils mutuellement, à la plus grande joie de la réaction; les individus peuvent avoir commis des fautes, mais le grand mouvement de 1848 n'a pas manqué par suite de pareilles misères. Il y a une cause plus profonde de nos malheurs, et cette cause c'est l'absence complète de toute idée gouvernementale dans la démocratie européenne.

Maîtresse du champ de bataille après le 24 février, la démocratie française était riche en idées de réforme sociale, mais on ne peut pas plus pauvre en idées politiques, ou, ce qui est la même chose, en moyens d'exécution. On laissait subsister l'ancienne machine gouvernementale, inventée tout exprès pour faire sortir de ses rouages la domination de l'aristocratie; c'était désarmer, abdiquer régulièrement en faveur de cette aristocratie que, de cette manière, on chargeait naïvement de l'application des idées socialistes. Il est vrai que l'on jetait au peuple un mot d'ordre, un cri de ralliement dont tout le mérite consistait à exprimer clairement ce qu'on ne voulait plus. « Demandez la république démocratique et sociale, » disait-on aux masses; mais la définition de cette république ne fut jamais donnée en France. La démocratie présentait par conséquent et présente encore un chaos de systèmes se combattant les uns les autres avec plus ou moins de violence, mais elle ne s'appliquait nullement à doter le pays d'un gouvernement qui permît de réaliser tout ce qu'il y a de bon et d'utile dans toutes les théories, ou dans une théorie quelconque. C'était pourtant là le côté le plus sérieux de la révolution. Si vous vous trompez dans les moyens d'application, dans la question gouvernementale, votre révolution sera bientôt la proie des partis du passé, eussiez-vous les idées les plus saines, les plus justes en science sociale. Mieux vaudrait, nous n'hésiterons pas à le dire, mieux vaudrait bien comprendre la nature, l'essence du gouvernement démocratique, sans se soucier beaucoup des réformes que ce gouvernement doit, du reste, nécessairement amener. En un mot : là où il n'y a pas de moyens d'exécution, il n'y a que le néant. Or, le gouvernement représentatif, cette pierre angulaire, cette source permanente du règne de la bourgeoisie, pouvait-il être un moyen d'exécution dans les mains de la démocratie? Ne devait-il pas, au contraire, faire renaître le pouvoir abattu, en le fortifiant encore par l'impression que devaient nécessairement produire toutes les impuissances manifestées par la démocratie dans la question gouvernementale?

Heureusement, la réaction a simplifié cette question sans le vouloir. Elle a travaillé avec un zèle inouï pour nous qui demandons, depuis les premiers jours de la révolution de février, l'abolition du système représentatif, que nous jugeons incompatible avec la véritable démocratie. En 1848, les ambitieux du parti pouvaient soutenir les assemblées législatives avec quelque apparence de raison ; maintenant la nécessité les rejette forcément dans notre camp et les rangera autour de notre drapeau, celui de la législation directe par tout le peuple. Arrière les querelles d'école, chefs de la démocratie! Il y a un terrain où vous devez tous vous tendre la main. Formons l'aréopage qui prononcera sur vos systèmes, qui y puisera, pour les appliquer, les vérités que vous avez découvertes : cet aréopage, c'est le peuple lui-même appelé à se prononcer directement, sans l'intermédiaire d'interprètes trop souvent infidèles, et, soyez-en sûrs, il prononcera bien.

Mais avant d'expliquer l'organisation de la législation directe, qu'il nous soit permis de dire par quelles raisons la démocratie doit franchement se déclarer l'adversaire du système représentatif. Nous serons courts, puisque les événements des dernières années nous permettent de l'être.

1. Le système représentatif est un reste de l'ancienne féodalité, reste qui aurait dû tomber déjà sous les coups de la première révolution française. Il avait sa raison d'être, lorsque la société était un *composé de corporations* de toutes espèces, donnant à leurs députés un *mandat déterminé*; il n'a plus cette raison d'être, depuis que les corporations ont disparu. Avec l'esprit du moyen âge, avec la cause, le peuple aurait dû écarter l'effet.

2. Il est absurde de vouloir faire représenter une chose par ce qui lui est diamétralement opposé : le *noir* par le *blanc*, *l'intérêt général d'un peuple par un intérêt particulier* qui est son contraire.

3. La représentation nationale est une fiction, rien qu'une fiction. Le délégué ne représente que *lui-même*, puisqu'il vote selon sa propre volonté et non selon la volonté de ses mandataires. Il peut dire *oui* quand ceux-ci diraient *non*, et il le fera dans la plupart des cas. La représentation n'existe donc pas, à moins que l'on ne veuille nommer ainsi l'action de heurter continuellement l'intérêt et l'opinion de ceux que l'on est censé représenter. Quelle preuve plus éclatante de cette vérité pourrions-nous citer que l'abolition du droit de suffrage de trois millions de Français par un coup d'autorité de ceux-là même dont le pouvoir législatif est sorti de ces suffrages ?

4. Y eût-il représentation véritable par quelque phénix introuvable de député, la majorité des électeurs du pays ne serait jamais représentée, et la moitié à peu près des électeurs victorieux se trouverait dans le même cas par le fractionnement des assemblées en majorité et en opposition.

5. Dans les élections, l'intrigant a l'avantage sur l'honnête homme, parce qu'il ne reculera pas devant une foule de moyens qu'un candidat honorable dédaigne ; l'ignorant a l'avantage sur l'homme de talent, parce que les trois quarts des électeurs voteront toujours et devront toujours voter sans connaître et sans pouvoir juger le candidat. D'ailleurs, dans ce système de gouvernement si mensonger, l'élection elle-même est encore une fiction absurde. Ou vous demandez que l'électeur dépose son vote d'après sa conviction personnelle, d'après la connaissance qu'il a du talent, de la probité et des opinions du candidat, et alors vous demandez l'impossible ; ou vous voulez que l'électeur vote pour un candidat désigné par un comité électoral, et alors vous n'avez plus d'élection, vous n'avez qu'une nomination opérée par une petite coterie, dominée encore, quant à elle, par l'envie et l'intérêt personnel. Aussi l'histoire prouve-t-elle que dans chaque assemblée les cinq sixièmes des députés sont des esprits fort médiocres.

6. Dans l'assemblée même, beaucoup de personnes honorables changeront de caractère ; l'honnête homme y reniera le plus souvent ses convictions. Il y a des sensa-

tions auxquelles il ne faut pas exposer les hommes, sous peine de les voir succomber. L'une de ces sensations, c'est le pouvoir de s'élever, de s'enrichir, soi et sa famille, de tyranniser enfin ses semblables, sans encourir une responsabilité quelconque. De là des apostasies continuelles et l'impossibilité de créer jamais une majorité bienveillante. Dans ses articles intitulés : *Guerre à l'apostasie,* M. Emile de Girardin a suffisamment édifié le public sur ce chapitre.

7. La crainte de ne plus être réélu est sans influence sur la conduite du mauvais représentant. Plus il viole son mandat, plus il aura la certitude d'être envoyé encore à la chambre, ne fût-ce que par quelque bourg pourri à la disposition du gouvernement. Aussi les plus détestables députés font-ils la plus longue carrière législative ; ils survivent à la chute de tous les régimes. Les exemples ne seraient pas difficiles à citer, on n'aurait que le choix dans une multitude de noms propres.

8. Sous la domination de la même loi électorale, chaque assemblée qui arrive doit être nécessairement plus mauvaise encore que celle qui l'a précédée. L'Assemblée législative devait primer la Constituante dans le

mal, et les élections faites au commencement de cette année ne pouvaient produire qu'une perte pour le socialisme. Ce qui contribue encore à ce résultat malheureux, ce sont le découragement et les calculs du parti démocratique. L'ouvrier sait que le vote donné à tel ou tel candidat, que la nomination même de ce candidat ne peut guère influer sur la force des partis dans l'assemblée, et que les inconvénients qui, grâce aux tracasseries de la police, peuvent sortir pour lui de ce vote, ne sont nullement proportionnels à l'avantage qu'il espère obtenir par une bonne élection dans son département. Par conséquent il s'abstient, surtout dans les petites villes, où l'autorité a l'œil sur tous, connaît chaque électeur par son nom.

9. Les assemblées législatives sont l'incarnation de l'incapacité ainsi que de la mauvaise volonté, et sous le rapport législatif et sous le rapport politique. En législation, elles commettent continuellement des attentats contre les libertés des peuples ou elles livrent les deniers du pauvre aux spéculateurs : en politique, c'est pis encore, si cela est possible. On attaque partout le bon droit des nations en se vendant au despotisme. En moins de trente ans, la France a fait,

sous Louis XVIII, l'intervention en Espagne en faveur de Ferdinand VIII ; sous Louis-Philippe, elle a intervenu pour dona Maria dans le Portugal, elle a menacé la Suisse à différentes reprises ; sous la République, enfin, elle a restauré l'absolutisme des prêtres dans les États-Romains.

S'il est vrai que le système représentatif porte en lui le germe de la mort ; s'il est vrai qu'il s'est suicidé lui-même en France, par quelle autre forme de gouvernement doit-on le remplacer ? La démocratie irait-elle en arrière avec M. Émile de Girardin, qui, rejetant comme nous les assemblées législatives, tente vainement de réédifier le ministère fort et absolu des Richelieu, des Mazarin ? Non, mille fois non ! la démocratie, restant fidèle à ses principes, ira en avant, et le premier pas en avant et en dehors du système représentatif, c'est la législation directe par tout le peuple ; nous défions le monde entier de nous prouver le contraire avec la moindre apparence de logique ou de bon sens. La législation directe, c'est le seul gouvernement digne d'une nation éclairée, le seul par lequel le dogme de la souveraineté du peuple devient une vérité.

II

Avant d'exposer de quelle manière on peut organiser la législation directe, nous nous permettons encore quelques réflexions sur la marche de la liberté et du despotisme dans le monde.

L'humanité, en naissant, est parfaitement libre ; l'homme ne reconnaît aucun maître, aucun juge. Peu à peu les sociétés se forment, mais, c'est sous condition que tous les citoyens exerceront une égale influence dans la fixation des règlements ou des lois qui doivent régir la nouvelle société. C'est la législation directe dans toute sa pureté, quoiqu'elle ne soit qu'imparfaitement organisée, à cause de l'ignorance du temps. Le petit nombre des citoyens dans les sociétés naissantes permet, d'ailleurs, de convoquer tout le peuple sur la place publique, pour délibérer sur les affaires communes. Ce système de législation, qui s'est conservé en partie dans quelques cantons de la Suisse, a existé avec plus ou moins de perfection chez tous les peuples primitifs; l'histoire en fait preuve chaque fois qu'elle a pu décrire les institutions d'une société jeune et peu avancée. Nous trouvons la législation directe chez les Juifs; nous la rencontrons, mais dégénérée, mais mourante, chez les peuplades de la Grèce et de l'Italie, sur la première existence desquelles nous n'avons pas de renseignements certains. En retranchant de l'histoire de Rome la fable avérée des rois, en étudiant les institutions de l'époque où l'on commençait à écrire les annales de la République, en réfléchissant sur ce que devaient être ces institutions lorsque l'aristocratie, moins puissante, moins riche, ne les avait pas encore faussées, on aboutit infailliblement à la conclusion que Rome a été aussi bien régie par la législation directe que l'a été toute la Germanie. Relativement à ce dernier pays, les historiens ont été plus heureux; là ils ont pu peindre les mœurs de peuples chez lesquels la liberté n'avait presque pas encore été entamée. Aussi nous disent-ils que chez les Germains les affaires publiques étaient discutées, réglées, jugées par tous les membres de la société, sans exception; et, chose curieuse, c'est ce peuple si divisé, mais librement constitué, qui, seul de toutes les nations de l'univers, a su résister à la domination romaine et accomplir la chute de la reine du monde.

Mais s'il est hors de doute que la législation directe a existé presque partout, il est certain aussi qu'elle ne pouvait pas être une institution durable à une époque où toute connaissance et toute richesse acquise établissaient une différence formidable dans la position des citoyens, en procurant à ceux qui les possédaient une puissance extraordinaire. Peu à peu, les riches du temps, jetant les fondements du règne de l'aristocratie, enlevaient au peuple l'exercice de son droit de prendre part à la législation. Comme à Athènes, à Rome, ils créaient un état de choses qui ressemblait un peu à ce que nous voyons se passer dans le gouvernement de la République française. Il y avait exploitation de tous par un petit nombre de familles. L'inégalité dans la possession des richesses et surtout des lumières augmentant, la disproportion dans l'exercice des droits politiques ne faisait que grandir. Bientôt un seul, plus puissant que tous les autres, s'élève sur les ruines de la liberté de tous ; c'est le despotisme monarchique, qui, à son tour, est

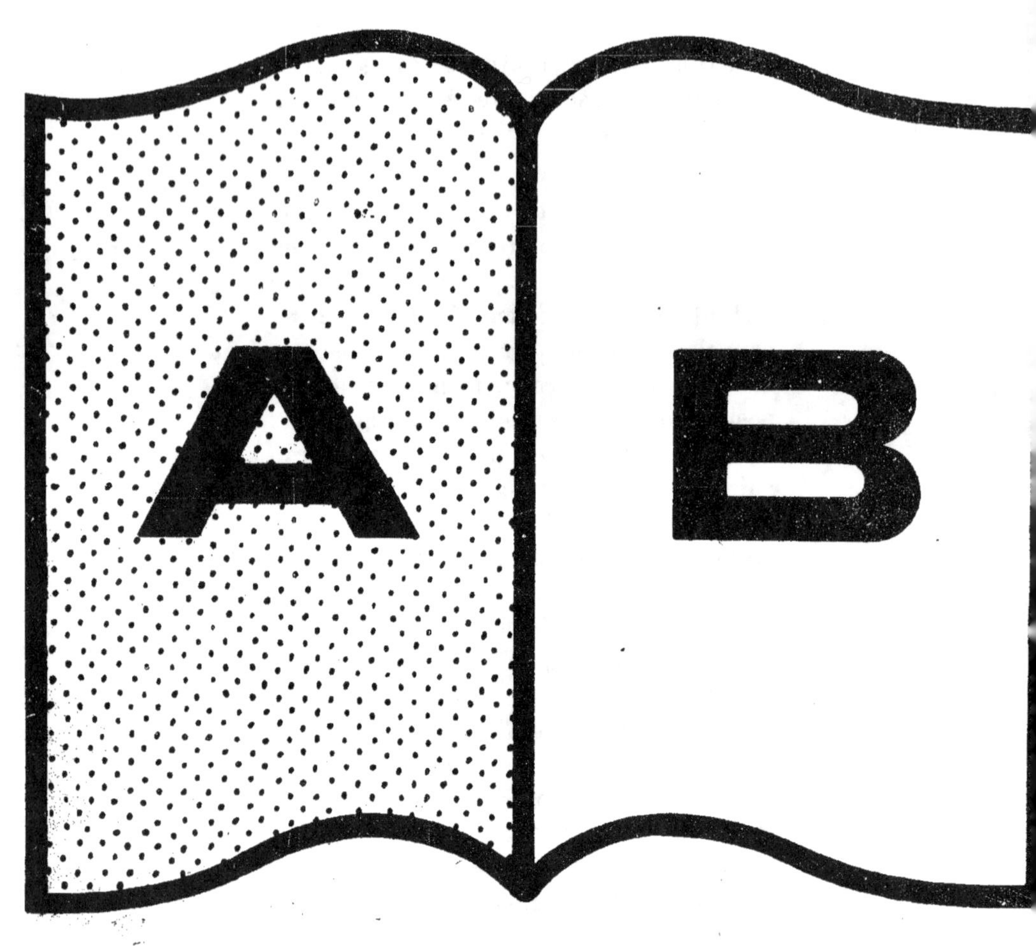

Contraste insuffisant

NF Z 43-120-14

obligé de morceler ses empires en faveur de ceux qu'il a rendus grands, pour opprimer les peuples. L'apogée du despotisme et de la tyrannie, la féodalité, est arrivée ; on ne voit que des serfs nus, affamés, dégradés, et des maîtres couverts de fer, guerroyants et festoyants.

Tout à coup le génie de l'humanité se réveille de son long sommeil ; ce que l'ignorance a perdu, la science est appelée à le reconquérir. Deux grands hommes inventent, l'un, la poudre à canon, l'autre, l'imprimerie. Par la première invention, les châteaux de la féodalité, exposés au boulet du prince et du bourgeois, se trouvent désarmés ; par la seconde, les connaissances, jusque-là monopole du riche, s'étendent rapidement, et, pénétrant dans les couches inférieures de la société, elles deviennent une arme offensive contre l'oppression. Depuis ce moment, la marche descendante de la tyrannie, la marche ascendante de la liberté commencent. La féodalité s'incline forcément sous la royauté absolue, parce que celle-ci est un progrès sur celle-là. A peine établie, la royauté absolue est elle-même battue en brèche, vaincue et renversée, pour être remplacée, d'abord par la monarchie constitutionnelle, et ensuite par la république représentative ou bourgeoise que l'année 1848 a établie en France. Arrivé à ce point, l'esprit de liberté désarmera-t-il? Nous disons non de toute la force de notre conviction. Tout ce que nous voyons se passer sous nos yeux ne l'indique-rait-il pas, nous aurions néanmoins la certitude que la destinée de l'homme doit s'accomplir, que la liberté arrivera à son point de départ, qu'à son tour le règne de la bourgeoisie, dont le système représentatif est la suprême expression, sera suivi par la législation directe qui est la forme dans laquelle se moule le règne de tous.

M. Thiers, au reste, paraît l'avoir bien compris, si l'on en juge par les paroles suivantes qu'il a prononcées à la tribune de l'Assemblée législative :

«Pourquoi ne pas nous respecter les uns les autres, dit-il, pour l'intérêt du gouvernement représentatif qui *court des dangers très grands*, et j'en atteste le ciel et mon pays, non pas par ma faute, non pas par des excès que nous aurions commis.»

Ce n'étaient pas des phrases banales que ces paroles de M. Thiers; c'était l'aveu douloureux d'un homme d'État qui sent le sol s'échapper sous ses pieds. Et comme pour

ne laisser aucun doute sur sa pensée intime,
il reprend encore avec plus de solennité :

« Je vous le répète : pour l'honneur du
pays, dans l'intérêt de ce gouvernement représentatif qui doit nous être cher aussi, ne
donnons pas des arguments à ceux qui di-
sent que c'est un gouvernement indécent,
qui abaisse les mœurs du pays, qui rend ses
affaires impossibles; respectons-nous les uns
les autres; qu'on puisse monter ici, s'en-
tendre, se combattre, sans s'offenser, sans
perdre les belles mœurs de notre pays;
prouvons qu'on peut discuter les affaires uti-
lement, sérieusement. »

Et quels sont les périls que M. Thiers voit
poindre à l'horizon politique? Est-ce un coup
d'État de l'autorité qui, selon lui, menace le
régime représentatif? Non; il va vous éclai-
rer sur ce point, car il ajoute :

« Prouvons tout cela. Cela vaut mieux, en-
tendez-vous, que toutes les résistances que
vous pouvez préparer à je ne sais quel évè-
nement obscur de l'avenir. »

Encore une fois, quel est donc l'ennemi
que M. Thiers voit avec terreur s'avancer
contre ce gouvernement de coterie qu'il aime
avec tant de chaleur? Cet ennemi, c'est la

démocratie, c'est le peuple, réclamant son droit de prendre directement part à la législation.

Maintenant, il est temps de montrer comment la législation directe peut être organisée.

Le peuple se divise en sections de mille citoyens chacune. Cette division est possible, puisque deux fois déjà elle a été établie en Prusse en quelques jours et avec une exactitude rigoureuse pour les élections de la Constituante de 1848 et des deux chambres convoquées au commencement de l'année 1849.

Chaque section s'assemble dans un local propre à cet usage, école, hôtel de ville ou salle publique.

Elle nomme son *président* qui dirige les débats de la manière dont il sera parlé ci-après.

Chaque citoyen peut prendre la parole dans les discussions, par conséquent toutes les intelligences sont au service de la patrie.

La discussion close, chaque citoyen émettra son vote. Après le dépouillement du scrutin, le président de la section fait transmettre au maire de la commune le chiffre des votes pour et contre. Le maire fait le relevé des votes de toutes les sections de la commune, et on communique le résultat à l'administration supérieure qui, en opérant de la même manière pour son district, fait parvenir le chiffre des votes pour et contre au préposé du département. Ce dernier transmet le résultat du dépouillement au ministère qui fait l'addition pour le pays entier.

Cette opération est simple et ne demande que peu de travail et peu de temps; elle fera connaître exactement combien de citoyens ont approuvé et combien ont repoussé telle ou telle mesure. La majorité décide de l'adoption ou du rejet.

Voici les règles générales pour les débats : Le président dirige les discussions. Il ne sera pas fait de projets de lois, la seule initiative du ministère élu par le peuple entier pour un certain temps consiste à déterminer que tel ou tel jour, dans toutes les sections du pays, auront lieu les délibérations concernant la loi sur tel ou tel objet. Dès qu'un certain nombre de citoyens demande une nouvelle loi sur une matière quelconque ou la réforme d'une loi ancienne, le ministère est obligé d'inviter le peuple, dans un délai prescrit, à faire acte de souveraineté et de législation. Ce n'est qu'en affaires de politique extérieure que le ministère pourra soumettre aux délibérations du peuple des propositions qui ne lui auront pas été indiquées par le nombre de citoyens que la loi aura fixé.

La loi sortira d'une manière organique des discussions mêmes. Pour amener ce résultat, le président ouvrira d'abord le débat sur *le principe;* il descendra ensuite d'une manière toute naturelle aux questions subordonnées.

Un exemple expliquera suffisamment combien il est facile de diriger les délibérations et d'en faire sortir toutes les données nécessaires à la composition de la loi. Choisissons un sujet qui divise la science elle-même en deux écoles et qui, certainement, a préoccupé fort peu le peuple : *la prescription en matière criminelle.* L'école française et le code napoléonien admettent la prescription : les légistes prussiens la rejettent et l'ont effacée du projet du code pénal proposé il y a deux ans aux diètes provinciales de la Prusse.

Le président de chaque section ouvrira donc le débat sur la question de principe : « *Y aura-t-il prescription en matière criminelle, ou non ?* »

Les partisans du droit prussien feront valoir qu'un crime est toujours un crime et que la stricte justice demande qu'il soit puni sans égard au temps qui s'est écoulé depuis sa perpétration. Les amis du droit français parleront de l'impossibilité d'intenter un procès criminel après un certain laps de temps, lorsque la moitié des témoins à charge ou à décharge n'existeront plus et que l'autre moitié aura perdu la mémoire des choses qui doivent faire l'objet du procès. Les orateurs entendus, le président fait procéder au vote qui décidera probablement que le principe de la prescription sera admis.

Le président passera à la première question subordonnée : « *La prescription sera-t-elle la même pour les crimes, les délits et les contraventions de police ?* »

Il y a discussion et vote. L'assemblée décide que *non* ; elle veut naturellement qu'une contravention de police se prescrive plus vite qu'un délit, qu'un crime.

Le président soumettra à l'assemblée la seconde question subordonnée, concernant le temps. « *Après quelle époque y aura-t-il prescription pour les crimes?* » Le débat s'engage, un orateur propose dix ans ; un autre huit, un troisième douze. On fait voter par billet sur lequel chacun marque le chiffre qu'il veut faire prévaloir ; les votes sont comptés et la question est décidée.

Le président pose la même question relativement aux délits, et ensuite relativement aux contraventions de police.

Après l'arrivée de toutes les données au ministère, une commission de rédaction composera un texte de loi clair et simple, qui aura l'avantage de ne pas admettre plusieurs interprétations comme la plupart des lois préparées par nos chambres, où en général on semble avoir constamment pour but de favoriser le penchant des hommes de loi pour l'équivoque.

Nous évitons de nous étendre plus longuement sur l'organisation de la législation directe. Dans une matière pareille, il faut, selon nous, indiquer à grands traits ce qui résulte immédiatement, absolument, du principe que l'on produit et laisser à l'écart tous les détails qui sont susceptibles de plusieurs solutions différentes.

III

Toutes les objections que l'on fera contre la législation directe peuvent se ranger en trois catégories. On peut soutenir :

1. Que le peuple n'est pas assez éclairé pour faire lui-même les lois auxquelles il veut obéir ;

2. Que le temps lui manque, le prolétaire devant travailler pour vivre au lieu de perdre ses journées dans les sections ;

3. Que la législation directe n'est pas l'idéal de la liberté.

Nous allons examiner successivement ces trois points.

I. Est-il vrai que le peuple ne soit pas assez éclairé pour se créer lui-même une bonne législation ?

C'est la même objection que la noblesse opposait à la bourgeoisie avant la première révolution, et peut-être avec plus de justesse. De toutes les classes de la société, c'est sans aucun doute la bourgeoisie (nous parlons de la bourgeoisie qui n'a pas le sentiment démocratique et qui se sépare du peuple), qui prouve qu'elle est le plus complétement incapable de diriger l'État. L'ancienne noblesse a montré qu'elle savait conduire le gouvernail du pays dans ses relations avec l'extérieur, ses moyens étaient proportionnés à son but. Quant au peuple, il comprend au moins et cherche à créer une société meilleure que celle qui existe; la bourgeoisie d'aujourd'hui ne comprend pas le présent, ne pressent pas l'avenir. Prise comme dans un étau entre les deux classes au-dessus et au-dessous d'elle, ressentant plus de sympathie pour la première et voulant imposer une immobilité complète à l'autre, elle incline plutôt vers la réaction que vers la marche en avant, et cette réaction elle la fait avec maladresse et sans la moindre dignité. En veut-on la preuve ? Qu'on se représente seulement ce que cette bourgeoisie officielle a fait de la France, cette nation que la Providence a destinée à être le flambeau du monde, la tutrice de l'humanité ! Que l'on juge cette bourgeoisie par ses dix-huit ans de règne et par ses œuvres depuis deux ans.

Mais, nous dira-t-on, nous ne parlons pas

de l'instinct social plus ou moius développé de la bourgeoisie et de l'ouvrier. Ce dernier n'a pas les *connaissances nécessaires* pour créer une bonne législation. Ah ! vous croyez que ce sont les connaissances qui font les bonnes lois ! Détrompez-vous. Pour faire des lois justes et sages il faut surtout du bon sens, ce bon sens social que vicie trop souvent une éducation pleine de préjugés mercantiles et trempée d'agiotage ; il faut enfin de la bonne foi.

La bonne foi en législation est incompatible avec l'intérêt particulier ; ce dernier se réfléchit dans toutes les lois qui sortent du sein d'une corporation de législateurs, chambre ou conseil d'État, quelque nom qu'elle puisse porter. Je ne nie pas que l'étude ne soit d'un grand secours dans les travaux de législation, mais uniquement lorsque l'étude est restée libre de toute influence de l'intérêt personnel, et c'est si rare que des dupes seules peuvent se mettre à la recherche de ce genre d'hommes doués de science et de désintéressement.

La bourgeoisie n'est qu'un parti, et chaque parti, encore plus peut-être qu'un particulier n'oserait le faire, suit avant tout les impulsions de l'égoïsme : l'occasion le fait infailliblement exploitant. Aussi un esprit perspicace aurait-il pu apercevoir d'avance les fruits que le système représentatif devait nécessairement porter. Où est le grand œuvre de législation que les chambres ont créé depuis 1815 ? Le budget a plus que doublé ; l'armée a été augmentée au milieu de la paix ; on a fabriqué par douzaines des lois de compression, des lois d'agiotage ; mais rien de noble, de beau, de durable n'a été produit. Et, comme pour nous prouver la vanité des espérances que l'on fondait sur le système, la destinée a voulu inaugurer en France différents modes de représentation, et pourtant les différentes assemblées ont montré la même incapacité, le même mauvais vouloir, la même stérilité. Est-il étonnant, après cela, que les plus ardents partisans du système eux-mêmes en désespèrent au fond du cœur, et que n'osant prononcer ce noble aveu : « Nous ne savons rien faire, » ils nous jettent ces paroles désolantes, mais heureusement fausses : « Il n'y a plus rien à faire ? »

On croit généralement qu'il faut un concours de vastes connaissances pour remplir dignement la tâche du législateur, et que ces connaissances ne se trouvent pas dans les rangs du peuple. Rectifions d'abord la plus grande des deux erreurs qui se rencontrent dans cette assertion pourtant si courte. Nous l'avons déjà fait entrevoir clairement dans cet écrit; c'est l'intérêt des législateurs qui détermine l'esprit des lois, et non la science ou le savoir. Le savoir les rédige seulement, et encore, par la suggestion de l'intérêt, les rédige-t-il sciemment aussi mal que le contrôle des masses le permet. N'est-ce pas là l'histoire de tous les produits sortis des ateliers intéressés où se fabriquent les instruments destinés à frapper le peuple? La législation directe met fin à cette industrie dégradante. Elle ne détrône pas l'intérêt particulier; elle s'en sert d'une manière rationnelle. Écoutant tous les intérêts privés sans exception par les votes de tout le peuple, formant une majorité décisive de tous ces intérêts, elle parvient à faire ressortir et prédominer par cette majorité l'intérêt général.

Mais admettons que la science ait nécessairement sa part d'action dans la création de toute œuvre législative. Dans ce cas, nous demandons si c'est bien le système représentatif,—le seul système gouvernemental que l'on puisse opposer sérieusement à la législation directe,—si c'est bien ce système qui charge les hommes éclairés du soin de faire les lois? Certainement non! Chacun sait que dans chaque assemblée législative le talent doit se courber sous l'immense majorité des médiocrités dévouées au culte de tout ce qui est petit, mesquin.

Et le peuple serait-il par hasard l'universalité des citoyens, moins les hommes éclairés? C'est, au contraire, la législation directe qui peut se vanter d'utiliser tous les talents; c'est elle qui leur accorde dans les sections cette influence à laquelle toute supériorité a droit, pendant que sous le système actuel mille hautes intelligences s'éteignent sans avoir trouvé, dans le courant de toute une longue vie, l'occasion si ardemment désirée de contribuer activement au bonheur de l'humanité. A-t-on déjà réfléchi quelles lumières jailliraient d'une discussion à laquelle prendraient part toutes les capacités d'une ville telle que Paris, d'un pays tel que la France? Aussi les masses ont-elles une manière inimitable de trancher les grandes questions législatives selon le bon sens, ou, ce qui est la même chose, selon la justice éternelle, naturelle, avec laquelle leur intérêt est et sera toujours d'accord,

pendant que ce bon sens, cet esprit de justice
ne se révèlent que bien rarement chez les
prétendus représentants que, outre l'intérêt
de classe, l'orgueil et les préjugés aveugle-
ront toujours. Qui ne sait avec quelle intel-
ligente spontanéité les masses résolvent des
questions qui occupent durant des siècles
l'esprit ergoteur des classes supérieures,
tout en restant éternellement indécises?
« Comment voulez-vous, nous disait un de
nos adversaires, homme de lettres, dans
une discussion publique sur la législation
directe; comment voulez-vous, par exemple, que le peuple décide cette grave question de la séparation de l'État et de l'Église,
question à laquelle nos plus célèbres savants
n'ont pas encore donné de véritable solution? » Une légère rumeur d'ironie agite
l'assemblée; un ouvrier demande la parole.
« Le peuple, dit-il, décidera tout simplement que ceux qui veulent prier peuvent
payer leurs prières, que la religion est une
affaire privée. »
En politique, cette même supériorité des
masses sur les classes dominantes est incontestable, et nous en donnerons un exemple
frappant; nous le choisissons de manière
que l'on ne puisse pas nous faire le reproche

de ne citer que des questions de solution
facile, comme le serait, par exemple, la
malencontreuse intervention dans les États
romains qui, certes, n'aurait pas été permise
par le peuple francais, s'il avait été consulté.

En 1848, nous faisions partie du parlement
révolutionnaire de Francfort, appelé par les
Allemands le *Vorparlament*. On venait de dé-
créter la formation d'une constituante allemande, de faire une loi d'élection pour cette
constituante et de fixer le jour de sa convocation. Cette tâche remplie, on proposait la
prorogation du parlement, en laissant à Francfort une commission de surveillance de cinquante membres. Effrayé d'une immense
faute que la révolution allait commettre, je
montai à la tribune. «Vous venez de créer,
disais-je, un parlement chargé de faire une
constitution pour toute l'Allemagne; mais,
dans quelques jours, le roi de Prusse con-
voquera à Berlin une constituante pour donner une constitution à une fraction de l'Allemagne, à la Prusse; l'empereur d'Autriche,
de son côté, fera délibérer une assemblée com-
posée d'Allemands, de Polonais, d'Italiens,
sur une constitution autrichienne destinée à
une deuxième fraction du pays. Le peuple
allemand peut-il envoyer des députés avec

un mandat indéterminé dans toutes les directions et laisser faire pour un seul peuple diverses constitutions sans ensemble et ayant la même validité? Prenons la décision que le parlement de Francfort sera la seule assemblée qui puisse délibérer, ou, si vous ne voulez pas aller aussi loin, décidons au moins que les assemblées déjà naissantes de Berlin et de Vienne ne pourront être ouvertes que lorsque l'assemblée de Francfort aura achevé sa tâche. Si vous agissez différemment, si vous tolérez des constituantes rivales à Berlin et à Vienne, les deux puissants monarques s'appuieront sur ces assemblées pour vous perdre, tout en invoquant votre assistance pour détruire l'autorité de la représentation du peuple à Berlin et dans la capitale de l'Autriche. »

Eh bien! parmi les cinq cent soixante-quatorze membres du parlement, il ne se trouva personne pour me soutenir, personne pour comprendre l'importance de ma proposition, pourtant si simple, si naturelle. On ne me laissa pas même le temps de m'étendre suffisamment sur le danger dans lequel on allait faire périr la révolution.

Nous nous séparâmes. Le peuple, lui qui aime toujours ce qui est simple et clair, comprenait ma proposition ; il l'avait comprise par intuition, il l'avait faite avec moi, pour ainsi dire, témoins les adresses que la démocratie prussienne envoya à Berlin pour empêcher ou retarder la convocation de l'Assemblée prussienne. Mais le gouvernement, profitant habilement du péché d'omission commis à Francfort, s'empressa de poser un fait accompli, destiné à ruiner l'omnipotence de l'œuvre des habiles politiques du *Vorparlamant*. L'Assemblée de Berlin siégeait avant la réouverture de l'église Saint-Paul ; dès lors, l'issue de la révolution allemande ne pouvait plus être douteuse.

Les classes supérieures, les spécialités, nous les avons vues au travail de la législation depuis soixante siècles. Où sont-elles, les lois qui peuvent contenter le peuple ? est-ce que tout n'est pas à fondre, à refaire ? Parcourez le dernier grand œuvre des légistes européens, le projet de Code pénal pour le royaume de Prusse. Les hommes de loi les plus distingués de la savante Allemagne se sont occupés de ce code durant dix années entières, et cependant il les couvre de honte et de mépris par toutes les indignités, toutes les iniquités qu'il renferme et qui ont leur source principale dans la mauvaise volonté, dans l'intérêt personnel. Le peuple, lui, se trompera peut-être quelquefois; mais à part la facilité de réparer ses erreurs, dont il sentira bientôt le poids et qu'aucune tyrannie n'éternisera plus, il ne pourra jamais se tromper autant que le ferait une assemblée de légistes ou de citoyens quels qu'ils soient. Croit-on, par exemple, que le peuple le plus arriéré, s'il devait faire une loi d'hérédité, consacrerait jamais par son vote le droit d'aînesse, qui existe depuis 6,000 ans, grâce aux législateurs de toute espèce, et qui depuis quelque temps a regagné même du terrain, ayant été rendu aux familles nobiliaires de la province prussienne du Rhin? Croit-on que ce peuple ne modifierait pas même encore profondément les dispositions moins déraisonnables du Code civil français?

Un des plus grands avantages de la législation directe, c'est qu'elle ramène la science législative à son véritable point de départ; elle fait sortir la loi des discussions mêmes, en faisant trancher d'abord la question de principe et en descendant ensuite pas à pas dans le détail des questions subordonnées. Les projets de loi préparés par des commissions deviennent par bonheur impossibles dans ce système, car leur admission néces

siterait aussi l'admission de toute proposition tendante à les améliorer. Or, avec la
faculté de faire des amendements, toute législation directe, on le comprend, ne serait
qu'un rêve brillant, qu'une utopie.

Pour l'homme de bon sens, ce ne sera pas
une des moindres raisons qui parlent en faveur de la législation par le peuple, que cette
circonstance qu'elle n'est exécutable qu'en
suivant la seule voie sûre, vraie, que l'on
doive choisir pour créer de bonnes lois. Chaque projet de loi, produit par une commission quelconque, ne vaut rien par cela même
qu'il n'est pas l'œuvre de l'esprit général,
et qu'il porte nécessairement le cachet de
l'intérêt de ceux qui l'ont rédigé.

On craindra peut-être que les présidents
des sections ne sachent pas partout bien poser les questions dans l'ordre exigé par la
législation directe. Mais n'avons-nous pas la
presse qui s'emparera de toutes les matières
avant l'époque fixée pour les débats, qui les
tournera dans tous les sens, qui, en un mot,
aidera à guider ceux qui —le cas serait rare—
n'auraient pas le bon sens nécessaire pour
bien poser quelques questions de principe?
C'est sous la législation directe que la presse

commencera à remplir la plus belle partie
de sa mission, et, comme les choses bonnes
en elles-mêmes se soutiennent, se fortifient,
la presse éclairera bien souvent le peuple-
législateur, et la législation directe relèvera,
moralisera la presse, dont les colonnes ne
seront plus souillées par les efforts indus-
triels des partis parlementaires, tendant à
s'arracher mutuellement la direction des affaires.

Beaucoup de personnes nous feront encore
l'objection que toute discussion dans les sections assemblées dégénèrent en tumulte, en
désordres de tout genre. Si vous aviez suivi
attentivement les réunions populaires, di-
rons-nous à ces adversaires, vous auriez eu
l'occasion d'observer que le peuple délibère
avec bien plus de tranquillité, avec bien plus
de dignité que nos assemblées législatives
dont les écarts sont assez connus de l'Europe
scandalisée. La raison en est facile à comprendre. Le peuple ne possède pas cette vanité des classes supérieures qui ne veut jamais avoir tort; il n'a pas une réputation
plus ou moins usurpée d'homme d'État, d'o-
rateur, d'écrivain, à soutenir ou à perdre.
Les masses écoutent généralement tous les
avis, et toujours j'ai remarqué qu'elles n'hé-

sitaient pas à sacrifier même l'orateur favori au premier venu qui savait donner de meilleures raisons. D'ailleurs, la législation directe, c'est la mort de la personnification des principes législatifs et administratifs dans les hommes; l'animosité personnelle devra, par conséquent, faire place à l'enthousiasme pour les principes et les choses mêmes, et l'enthousiasme de cette nature a fait naître, de tout temps, de véritables merveilles.

Nous voici arrivés à la seconde objection :

II. Le peuple aurait-il le temps de faire lui-même les lois?

L'objection que nous allons combattre vient ordinairement de la part des personnes qui suivent fort peu la marche des sociétés et de la législation qui les régit. Voyant qu'aujourd'hui les choses les plus simples dans l'ordre moral et matériel livrent matière à dix lois, que nous avons des collections de cinquante mille, de cent mille lois, elles ne comprennent pas que cela prouve uniquement que la législation a fait sciemment fausse route jusqu'ici, ayant été exploitée toujours par des hommes isolés ou par des partis in-

téressés à tout embrasser pour tout faire ser-
vir à leurs goûts de domination ou à leur cu-
pidité.

Réduites par l'infiltration successive des
principes de liberté et de fraternité, les matières de législation ne seront guère nom-
breuses. Depuis des siècles déjà elles tendent
continuellement à décroître. Autrefois l'État
se mêlait, par exemple, de toutes les questions religieuses ; le salut des âmes ne l'in-
téressait pas moins que l'existence corpo-
relle. Aujourd'hui, l'inquisition, la confes-
sion, ne sont plus de son ressort, et nous
avons indiqué plus haut de quelle manière le
peuple accomplira plus tard la séparation
complète de l'État et de l'Église. Nous pour-
rions citer un grand nombre d'autres matières qui ont été effacées de nos codes par
le développement des idées démocratiques,
comme l'organisation des métiers et jurân-
des, le règlement du luxe et des habille-
ments.

Nous ne tomberons pas dans l'exagération,
si nous soutenons que le peuple, en délibé-
rant deux fois par semaine dans les sections,
aurait à peine, au bout de trois années, de
quoi remplir convenablement les séances.

Quoi qu'il en soit de l'exactitude plus ou moins grande de notre opinion à cet égard, il y a une raison péremptoire qui parle pour le système de la législation directe, quand il s'agit de la question du temps. Les assemblées législatives tournent éternellement dans un cercle vicieux ; elles entreprennent peu de travaux utiles, elles n'en achèvent aucun, pendant que le peuple fera au moins une ou deux bonnes lois par séance.

En voulez-vous un exemple ? Vous savez que l'Assemblée législative s'occupe depuis une année et plus du chemin de fer de Paris à Avignon. Différents projets de lois ont été présentés, mais rien n'a été décidé, l'Assemblée n'osant pas tenir compte, autant qu'elle le voudrait, de l'intérêt des spéculateurs qui ont jeté leur dévolu sur cette belle voie de communication.

Eh bien ! combien d'heures faudrait il au peuple français pour résoudre les questions suivantes :

1° Y aura-t-il un chemin de fer de Paris à Avignon ? — Réponse : Oui.

2° Qui bâtira un chemin de fer, l'État ou une société d'actionnaires ? — R. l'État.

3° Comment l'État l'exécutera-t-il ? est-ce en levant les sommes nécessaires par un impôt ? est-ce en faisant un emprunt à 8 ou 10 p. 100 chez les banquiers ? ou enfin, est-ce en décrétant une émission de bons de circulation, garantis sur le chemin de fer même ? — R. En faisant une émission de bons de circulation.

4° L'État opérera-t-il le transport gratuit, ou tirera-t-il un revenu du chemin de fer ?

Si le peuple décide qu'il y aura transport gratuit, l'amortissement des bons se fera en chargeant le budget ordinaire de l'État. Si, au contraire, l'avis du peuple est de faire payer la locomotion, il y aura lieu de poser encore la question suivante :

5° Le revenu du chemin de fer sera-t-il employé à l'amortissement des bons émis pour la ligne, ou figurera-t-il dans le budget des recettes de l'État sans destination déterminée ? — R. Il servira à l'amortissement.

De cette manière le peuple, dans une seule séance, aurait fait une loi comme il n'en sortira jamais de vos assemblées législatives. Il aurait donné rapidement du travail à quelque cent mille ouvriers, sans toucher aux capitaux qui se trouvent actuellement engagés dans l'industrie, ce qui aurait une influence salutaire sur le taux de l'intérêt ; il aurait enfin doté la France d'une voie de communication des plus importantes sans demander un centime aux contribuables.

Où serait donc la perte pour le prolétaire? Il aurait passé dans sa section une soirée que trop souvent il doit perdre aujourd'hui dans le cabaret ou ailleurs. Et dans cette seule soirée il aurait gagné 300 millions au moins pour la France, c'est-à-dire 8 fr. 50 c. pour lui, ou 34 fr. pour une famille de quatre personnes.

Maintenant, n'est-ce pas? vous commencez à comprendre ce que serait le monde dix ans après l'introduction de la législation directe qui est tout simplement la mise en œuvre concentrée, l'utilisation de toutes les forces humaines.

Nous passerons à présent à la dernière objection qui nous viendra uniquement de la part de quelques démocrates.

III. La législation directe ne réalise pas l'idéal de la liberté.

Nous avouons que cette assertion est parfaitement fondée. Quelque minime que soit la minorité dans les votes, grâce à ce que les intérêts de presque tout le peuple sont identiques, il n'est pas moins vrai que cette minorité devra obéir à des lois qu'elle a désapprouvées. Aussi nous sommes-nous bornés à présenter la législation directe comme le pas décisif à faire vers le brillant avenir que l'humanité voit ouvert devant elle.

Dans ce chapitre, destiné à répondre d'avance aux principales objections de nos adversaires, nous avons évité de parler des objections futiles que l'on fera peut-être contre la possibilité de partager le peuple en sections, de concentrer les votes, ainsi que contre notre idée d'enlever au ministère le droit de faire de sa propre autorité des propositions législatives. Nous ferons cependant encore deux courtes observations. Nous tenons peu au chiffre de mille citoyens pour chaque section, et nous savons parfaitement bien que ce chiffre devra varier selon la dissémination plus ou moins forte de la population dans les différentes contrées du pays. C'est d'ailleurs le peuple souverain qui réglera en dernier ressort cette question qui n'en est pas une.

Quant à l'impuissance de notre ministère,

nous avons l'opinion que chaque Pouvoir est une tyrannie en herbe et que la démocratie ne pourra jamais assez le neutraliser en lui enlevant toute initiative en matière de législation.

FIN.

Paris. — Imprimerie d'E. Duverger, rue de Verneuil, 4.